얕은
연못

얕은 연못

발행일	2025년 8월 7일			
지은이	임남혁			
펴낸이	손형국			
펴낸곳	(주)북랩			
편집인	선일영	편집	김현아, 배진용, 김다빈, 김부경	
디자인	이현수, 김민하, 임진형, 안유경	제작	박기성, 구성우, 이창영, 배상진	
마케팅	김회란, 박진관			
출판등록	2004. 12. 1(제2012-000051호)			
주소	서울특별시 금천구 가산디지털 1로 168, 우림라이온스밸리 B동 B111호, B113~115호			
홈페이지	www.book.co.kr			
전화번호	(02)2026-5777	팩스	(02)2026-5747	
ISBN	979-11-7224-789-8 03810 (종이책)		979-11-7224-790-4 05810 (전자책)	

잘못된 책은 구입한 곳에서 교환해드립니다.
이 책은 저작권법에 따라 보호받는 저작물이므로 무단 전재와 복제를 금합니다.
이 책은 (주)북랩이 보유한 리코 장비로 인쇄되었습니다.

(주)북랩 성공출판의 파트너

북랩 홈페이지와 패밀리 사이트에서 다양한 출판 솔루션을 만나 보세요!

홈페이지 book.co.kr • **블로그** blog.naver.com/essaybook • **출판문의** text@book.co.kr

---

작가 연락처 문의 ▶ ask.book.co.kr

작가 연락처는 개인정보이므로 북랩에서 알려드릴 수 없습니다.

얕은 연못

임남혁 시집

북랩

차례

1부 머묾

9	잔상 걷기
12	공존
16	첫날 첫눈
20	읍내의 하루
24	숨
26	막걸리

2부 회상

31	그림자
36	서툰 우리
40	자전거
42	볼 빨간 부끄럼
46	성장통
50	꽃가마

3부 세상 읽기

57	매몰
62	길 잃은 조각들
66	치와와
70	들꽃
74	하이에나의 계절
78	경계

4부 사유

85	춤의 여정
88	산행
92	빛의 자각
96	새벽 산책
100	소실점
102	호모 이그니스(Homo Ignis)

5부 에필로그

109	머묾에서 사유까지
119	작가의 말

1부

머묾

잔상 걷기

두통이
수년째 똬리를 튼다
알약의 모양이 바뀌고
의사의 얼굴이 바뀌어도
출구는 늘 미로였다

마트 한복판
나는 정지된 피사체
사람의 말소리는 필름처럼 흐르고
두통이 그 위를 덧칠한다

공황이라는 낙인을 받았을 때
나는 차라리 안도했다
이름 붙여진 불안은
그나마 믿을 만한 출구였다

낯선 거울 속 얼굴
마모된 책임
찢긴 성실을 등 뒤로
나는 조용히 회전문을 빠져나왔다

바람 쓸린 강가
색색의 약은 꽃의 향기로
어깨 위 짐은 바람으로
비로소 머리는 맑다

소음은
더 이상 스쳐 가지 않고
고요는 내 안에 머문다

처음으로
나를 비워
바라본다

공존

여름날
창문 열고
바람 맞으니
초대받지 않은 손님이 들이친다

기어오르는 작은 다리
바람보다 빠른 혐오
정겹던 풍경에
금이 간다

창밖
투명한 실 한 가닥
허공을 건너는 빛
넋 놓고 바라보다
문득 사라진 자취

며칠 뒤
창틀 한구석에 얽힌 거미줄
햇살 아래 반짝이며
손님인 양 자리한다

벌레 몇 마리
움직임 없이 걸려 있는 그곳
나는 망설인다
지워 낼까
그냥 둘까

하지만
먼저 자리 잡은 이는
나보다 오래된 터주

거미는 묵묵한 파수꾼이 되고
햇살 속 거미줄은
벽 없는 액자가 된다

첫날 첫눈

유난스러운 날의 아침
평범한 하루의 시작
창밖은
하얀 숨결로 덮여 있다

나에겐
잠시 멈춘 계절의 쉼표
누군가에겐
질척이고 미끄러운 일상

대치의 정적에도
커피잔 위로
위로가 맴돈다

눈은
내 눈으로
고요히 녹아들고
일상의 시간은 지나간다

읍내의 하루

허리 아래 담장 너머
첫울음 머금은 아침 햇살
낮은 단칸집 지붕 위로
느릿하게 걸어오는 하루

왕복 두 칸 좁은 길
미소 섞인 발소리
서두름 없이
풍경은 흘러간다

오일장 골목
막 튀긴 어묵, 묻어나는 흙내
떡볶이 한 입, 바스락 튀김
막걸리 한 사발에
세상만사 풀려 가고

홍조 띤 저녁 걸음
별빛마저 숨죽인 지붕 위
느릿한 내 그림자
잠든 읍내에 머문다

숨

물은
한 조각 숨을 품고
몸의 기억을
되감는다

고개를 들어
폐 가득 들이쉰 숨
그 숨 안고
물속으로 젖는다

소리는 닫히고
귓가엔 단 하나
심장의 고동

물결의 파동은
살결을 더듬고
나는
존재의 안쪽으로
깊이 스며든다

버둥대는 팔다리
멎을 듯한 숨
그 순간마다
몸은 나를 기억한다

마침내
몸은 가벼워지고
푸른 물 위로
숨결이 떠오른다

막걸리

앙증맞은 두 손
묵직한 양은 주전자
고소한 쌀 내음 바람 타고
달그락 마을 길을 재촉한다

목마른 여름 햇살
주위 살펴
망설임 끝 홀짝인 한 모금
입안 가득 번지던 새큼함

푸르던 하늘
그날, 내 안에 머물렀다

가로등 아래 도시의 밤
맥주, 양주, 칵테일
새콤달콤한 그 밤의 하이볼
시절 따라 잔에 스미고

돌고 돌아
마주 앉은 투박한 옛 친구
한 사발에 깨어나는
마을 끝자락 여름 풍경

잔에 맺힌 그리움
시골길로 번진다

2부

회상

그림자

먼 기억은
희미한 안개 속에 잠기고
사춘기의 추억은
몇 개의 파편으로 남았다

예고 없는 균열의 순간
나는
눈 감은 채
이불 속으로 파고들었다

문은 닫히고
침묵으로 빗장 채워진
청춘
낡은 책상의 빈 서랍에 묻혔다

비었으니
덜 아팠을까
안착한 삶 속에서
서랍을 열어 보니
먼지만 웅크리고 있다

빛바래 지워진 사진
그 자리를 메운 건
타인의 얼굴, 타인의 말
오류의 조각들뿐

고통의 순간은
침묵으로 메워졌고
지워진 시간 위에
남의 그림을
내 기억처럼 끼워 맞췄다

지금의 나는
진실을 비추는 거울일까
아니면
타인의 그림자
그 왜곡된 허상일까

그래도 여전히
이름 모를 나를 품고
이 자리에
머문다

서툰 우리

그땐
너의 탄생이
생존의 무게처럼 느껴졌어

덜 익은 삶 둘이
서로를 키우는 법을 몰랐지

아빠란 자리는
늘 낯설었고
우리의 눈빛은
미로처럼 얽혀 있었어

너의 눈을 읽기보다
세상의 기준에 내 이름 새겼고
나 아닌 나로
인정받고 싶었던 것 같다

어느 날
텅 빈 방
자란 키만큼 빈자리를 보았고
조용히 고백했어
어떻게 아빠가 되는 건지 몰랐다고

이제 우린
엇갈린 말 대신
같은 박자의 호흡으로
뚜벅이 시간을 건넌다

그럼에도
가슴 한켠 여린 미련은 남아
어릴 적
손 내밀던 너의 모습마저
사진처럼 희미하다

삶은
여전히 서툰데
벌써
너와 나의 유년은 저물어 간다

자전거

'걱정 마'

그래도…

'여기, 아빠가 잡고 있어'

그날,
나는 자라나고
아버지는
사그라들었다

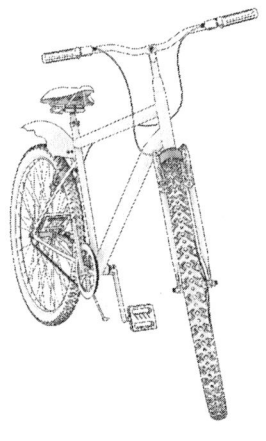

볼 빨간 부끄럼

기억은 참 이상해
가슴이 아니라
피부 아래 남더라

쪼그라든 입술 아래
마디에 맺힌 굳은살 속
굽어 가는 뼈마디 틈에
그렇게 스며들더라

그네에 실린 웃음은
옷자락보다 먼저 바람에 날리고
목덜미에 닿던 너의 손끝은
내 이름보다 깊게 남았지

연분홍 새색시
볼 빨간 부끄럼은
시뻘건 햇살 아래
검버섯 그을음으로 번지고

시간도
몸처럼 벗어 놓고 누워
힘겨운 눈꺼풀에
그네 뛰던 기억 새겨 내며
희미한 미소 하나 지을 뿐

그래도
마른 뺨, 그을음 속
너의 손끝이 새긴
볼 빨간 부끄러움은
여전히
나를 감싼다

성장통

봄날,
두 뺨 봉오리 피우며
불쑥 솟은 사랑니
어른의 문턱에서
설렘으로 밤을 지새웠다

여름날,
실바람 반주, 매미의 노래
평상은 무대가 되어
시간마저 멈춘 듯
달콤한 합주가 흐른다

가을날,
군밤 익던 화롯가
하늘을 날던 그림책

마법의 열쇠처럼
모든 문을 여는
비밀이 가득했다

겨울날,
콧물 닦던 반지르르한 옷소매
낡은 대문은 나를 맞고
된장 냄새 스민 엄마의 손
등허리를 쓸며
말없이 아랫목에 눕힌다

…

사랑니는
그저 시리고, 아픈
X-ray 속 무채색 번호
주사 끝 시린 통증처럼
무심히 놓아 버린 미련

매미의 합주는
귀를 뚫는 소음
창문을 닫아도

뚫고 들어오는 공해
땀보다 먼저 흐르는 분노

박 타던 흥부는
일확천금의 지침서
신데렐라는
성공 공식을 품은 바이블
손때 묻은 채 눌어붙은
자기 계발서의 그림자

뒹굴던 사랑방은
평수로 계산되고
노닐던 앞동산은
투기로 재단되어
청사진 속 지번마다
욕망이 새겨진다

…

낭만은 저물고
현실은 차갑게 파고들어
추억도 흔들린다

남고 싶다
외쳐 보지만
어른 되라
욱신거리는
성장통

꽃가마

귀여움받던
유복한 열여덟 아이
가마에 실려 봄꽃길 따라
설렘 가득 집을 나섰다

어린 사내 손에 이끌려
들어선 낯선 문
바늘 한 땀 놓을
땅자리도 없었다

가혹한 세월
남편은 징용에 끌려가고
가냘픈 내 두 손엔
호미 자루가 쥐여졌다

비정한 풍파
피난길 따라
보따리 이고 지고
저녁 언덕을 넘었다

소 팔러 나간 남편
투전판에 자리를 잡았지만
정이라 믿었기에
마음 한 자락 남겨 두었다

그마저 덧없었나
하룻밤 새 눈을 감았고
나도 따라 누우려 했으나
자식들이 눈에 밟혔다

다섯 아이 굶지 않게
아궁이를 지켰고
아들 하나 바라보며
누운 자리를 일어섰다

고향 떠나 성공하라
두 손 모아 빌었지만

꽃 피우지 못한 가지는
그늘만 더해 갔다

그늘 끝자락
잡초마저 숨죽이던 그곳에
애달픔 스며
어린잎 하나 돋아났다

아들의 멈춘 계절
그 새순에 심어 보려
호미 자루 다시 쥐고
저녁 언덕 넘었다

손주 키워 돌보느라
허리는 굽었으나
맺은 열매로
묵은 세월을 달래 보았다

위로의 마음은 차올랐지만
몸의 병은 깊어지고
짐 될까
아픈 기색조차 없었다

이제야 쉬어 볼까
굽은 허리 누이니
꿈결처럼 마주한
열여섯 애기 신랑

어린 사내 손길 따라
문밖을 나서 보니
낳아 준 내 어머니
꽃가마로 나를 맞는다

열여덟, 집을 떠나
보듬기만 하며 살아왔는데
끝내 나를 품는 이는
엄마

3부

세상 읽기

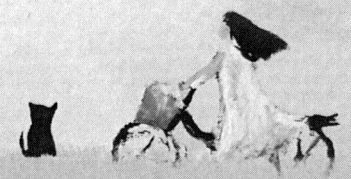

매몰

햇살 따라 흐르던
나의 사유는
몇 장짜리 설문 속에
꼼짝없이 눌러앉았다

이해인 듯, 진실인 듯
틀에 맞춰
유형으로 한정하고
심리와 성격으로 재단한다

좁은 틀에
스스로 몸을 접고
삐져나온 상념은
내 것이 아닌 듯 잘라 내고
모양 겹침을
닮음이라 기뻐한다

동그라미, 네모, 세모
겹겹이 쌓아
기둥이 되고, 벽이 되고
지붕이 되었으나
창 하나 없으니
빛 한 점 새어 들 틈 없었다

햇살을 거부한 견고한 어둠 속
존중의 반짝임은 사라지고
왜곡의 거울로
서로를 비추며
확신의 미소만 번뜩인다

결국 남겨진 건
피해와 가해, 선과 악
둘로 나뉜 세상 위
깃발처럼 펄럭이는
맹목의 신념

이제 입술은 더는 질문하지 않고
등은 돌아보지 않음으로
스스로 깊이 파고들어
묻히며 썩어 간다

사유는 사라지고
유형으로 뿌리내린 신념
굳은 땅 아래
미동 없이 매몰된다

길 잃은 조각들

어르신,
동네 어귀, 몇 없던 덕망의 숨결
깊은 지혜에만 드리우던 이름
수천 년 바람을 견뎌 왔지만
모두를 품으려
그 무게는 허공으로 흩날렸다

선생님,
손끝에 별을 쥐고
귀를 밝혀 주던 이
말보다 눈빛으로
마음을 일으키던 시절도
지금은, 이름만 남아 메아리친다

아줌마,
어느 골목이든 피어나던
정(情)의 인사
낯선 이에게도 건네던
마음에 핀 꽃씨
이젠, 삐끗하면 날아드는 돌멩이

언어,
살아 숨 쉬는 조각
변화는 자연의 숨결이라지만
속살 빠진 껍데기만 남은 채
허울을 좇다
이름 빼앗겨 길 잃고 헤맨다

치와와

무엇에 그리 화가 났을까
오백 원 거스름돈이 모자랐나
부부 싸움이 아직 안 끝났나
아이 성적표가 바닥을 쳤나
교양 과목 분노의 전이를
이렇게 또렷이 복습할 줄이야

수양하는 맘으로
양심 항아리 누룽지 긁듯
박박 긁어 보지만
그래도 저 화에 대해선
내 잘못이 한 톨도 없다

하지만 그 표독스러움은
한여름 열기마저 물리칠 기세다
진상이구나…
억지 미소로 계산대에
카드를 꽂는다
웃음은 경련이 되고
인내는 점점 말라 간다

고고한 척 포장된 얼굴에
카드를 던져 줄까
가슴 속 사직서를
마침내 꺼내 들까

… 아니다
울 엄마 슬퍼할라
다음 학기 등록도 해야지
알바비 입금 알람 기다리며
노동자의 직분으로
나의 감정 다독인다

손거울 하나 건네주고 싶다
어찌 살아왔는지
한눈에 보일 텐데
세수만 하고 거울은
안 봤던 모양이다

존중은 고사하고
자기애마저 찾을 길 없다

그 착한 강아지들 중에도
지랄맞은 놈들 있다던데
전생이 치와와였던 거다
불안과 두려움에
이를 드러내는 중이다

치와와는
오늘도
두려움에
짖는다

들꽃

사각의 프레임이 굴러온다
차가운 철제 프레임에
깃든 숭고함은
육아의 고단함,
침묵의 희생에서 왔으련만

이제는 털복숭이의
산책용 리무진이 되어
인간의 존엄 위에
씁쓸한 미소를 덮는다

유모차 속 인간과 마주칠 때면
말보다 눈빛이 건네지고
존엄의 갈망은 풀어져
억지 없는 미소가 피어난다

그러나
어색한 침묵 끝 마주한 건
프레임에 단단히 고정된
작은 스마트폰

작은 얼굴 위로
진지함의 그림자가 드리우고
눈동자는
인생의 빅데이터를 연산하듯
투명하게 흔들린다

메모리의 바다에 가라앉은
정보의 파편
시뮬레이션 된 풍경 아래
코드 되어 입력된 감정

포대기 속
엄마의 살 내음은 사라지고
유모차 속
스마트폰만 남은 지금

산책길 들꽃은
시멘트 바닥에
몸을 눕히고

메마른 과거의 꿈을 토해 내며
조용히
시들어 간다

하이에나의 계절

푸른 교복 어깨를 맞대던 날들
우리라 부르던 울타리 안에
다름은 존재하지 않았고
철없는 숨결 위엔
한 장의 서정이 머물렀다

학생증을 던지고
신분증을 받던 날
흙 내음 밴 이름 위로
계급의 서열이
피멍처럼 스며들어

사회란 전장에 내던져져
경쟁의 이빨 속에
이름 없이

찢기며 걸었다

상처 지친 몸
벗에게 기대어 보니
철없던 시간
잔잔히 흘러나와
푸른 사진 거품 되어
잔을 채운다

술잔 비우고 돌아선 골목
문득 스치는 고시원 쪽방
쉼 없이 도는 낡은 선풍기
두 평짜리 삶에 머문
노인의 눈빛

그 눈엔
어떤 시간이 스쳐 갔을까
나도 결국
패잔병으로 낙오될까

심장은 두려움에
조용히 감겨 오고

그 두려움을 노리는
굶주린 군상들

피할 수 없는 전장 속
나는 어느새
하이에나의 눈빛으로
천천히 이빨을 드러내고

두려움에 감긴 심장을
찾아
걸어간다

경계

웃음꽃 피던 대화 속
무심한 말 한 조각
유리 파편 되어
조용히 너의 가슴을 베이고 지난다

가슴을 벤 건
미소로 감싸인 진실의 비수였을까
네 심연 속 그늘진 상처였을까

어긋난 내 언어는
서늘한 숨결 되어
너와 나를 베고 말았지

식어 버린 온기
이유도 잊은 채
적막만이 덮는다

어디서 불붙었을까, 이 어색함은
너의 그늘인가
나의 비수인가

끝없는 질문만이
고요한 고통 속을 맴돈다

붙잡은 회복의 불씨 하나
서늘한 숨결에 흔들리다
잠시 타오르고 꺼져 간다

남은 건
검게 그을린 정적

조각난 신뢰를 맞추려
몇 곱절의 마음을 꿰매 보지만
불공정한 계산 속
상처만 남는다

외줄 위 소통은
서로에게 닿지 않고
외면은 상실의 골을
더 깊이 파고든다

미숙함을 끌어안고
다시 마주 서려 하나
숨결마저
서로를 가른다

부딪히고 스미며
고요한 양 견뎌 낼까
외로움 달래며
끝내 혼자가 되어 볼까

공생과 고독의 경계에서
오늘도
우리는 흔들린다

4부

사유

춤의 여정

서른, 마흔, 쉰—
숫자의 파편 위에
겹겹이 쌓인 시간의 나이테
냇가의 일렁임 따라
하염없이 흘러왔네

"올해 우리 몇이지?"
친구의 무심한 물음 하나
나뭇가지에 걸린 멈칫의 파장되어
뒤섞인 기억들, 소용돌이친다

먼저 떠난 물살들과
흙탕 일며 출렁이니
'왜 저러지?' 남몰래 품었던 질문은
'아, 그랬구나…'
조용히 이음새로 스며든다

흙탕 속을 더듬듯 바라보니
그네들 옷자락마다
세월 새긴 주름
삶의 향기 밴 옹이
그 결이 내 살갗에까지 배어든다

시냇물 출렁임은
나풀대는 머리채 끝
붉은 댕기 되고
궂은날의 흙탕물은
바닥까지 스미는 색동 빛으로 물든다

이제 나의 여정은 춤이 되어
내를 지나
강물 위를 둥실대고

강물은 내를 품고
그 강물은 내가 되어
일렁이며 흘러간다

산행

숱한 산, 그 품에
부처와 산신 나란히 앉았다
벽화의 옛말 몰라도
한참 시선 멎으니
비빔밥 한 술에 스며든 고요

경내에 서면
속마음 먼저 발을 굽히니
이 평온은
나의 신에게서 온 선물인가
부처의 자비인가

평안을 향한 갈망은
너와 나 다르지 않으나
나는 옳고

너는 틀렸다고 단정한다

세상은 다름을 가르치나
신들은 틀림을 남긴다 믿으며
평안을 가리키던 손끝마저
물어뜯는다

진리의 글은
경전 위를 떠돌다
끝내 혀끝에 굳고
신의 이름으로 던진 돌은
너와 나를 겨눈다

이제 다시 묵묵히
돌길을 딛고
정상을 향해 오른다
무엇이 기다리든
이 발걸음만은
오롯이 나의 몫이다

빛의 자각

우주는 팽창하고
나는 멈춘다

모든 별들은 흩어지지만
나는 지금 여기에 있다

속도는 사라지고
시간은 나를 지나가지 않는다
나는 그저 한 점으로 남았다

400억 광년의 끝자리,
그 상상 너머의 별자리에도
나는 지금의 여기로 존재한다

무한의 시공
나는 그곳, 여기, 모두에
지금으로 존재한다

새벽 산책

순백의 제의를 입고 태어나
부활의 승리를 꿈꾸며
봉헌의 의식을 입은 채 살아왔지

죄의 무게에 짓눌리며
영원의 새벽으로 되돌아간
찰나의 생 끝자락

그날, 그대를 만나
무한한 용서 속에
눈물 어린 감사를 품고
여명의 낙원으로 들어선다

그러나
봉헌의 노래 부르며

다시 들춰 입은 제의 위에
흩뿌려진 먹먹한 얼룩

거짓된 말
떨리는 손끝의 선택
인연의 눈물
그 모두가
지워지지 않는 형상으로
나의 제의를 물들이고 있다

죄의 무게는 벗었지만
자국은 남아
그날의 떨림들이
여전히 어깨를 덮는다

이제 나의 노래는 봉헌이 아닌
회한이 되었고
얼룩 제의를 걸친 채
되돌릴 수 없는 새벽 속을
묵묵히 걸어간다

소실점

그저
나란한 평행선 위에 던져졌다

아득한 그 끝
두 선이 만나는 곳에
행복이 있다며
모두가 그쪽을 향해 달려갔다

나 또한
하얀 증기 내뿜으며 달리는
짐칸 가득한 철마가 되었다

그렇게 달려
마침내 소실점에 닿은 날—
행복은 없고

여전히 나란한 두 선만이 남아 있었다

눈가에 맺혀 흐르던
하얀 증기를 훔치며
무심히 돌아본 뒤안길
그 끝에서
두 평행선은
조용히
만나고 있었다

남은 건
뒤엉킨 추억
지워지지 않는 그리움
그리고
끝내 받아들인 인생

호모 이그니스(Homo Ignis)

태초, 아프리카의 검은 흙 위
아득한 시간, 첫 발자국이 찍혔다
맨몸으로 세상에 맞서던 눈빛에
어느 날, 붉은 불꽃 하나 피어났으니

차가운 밤, 짐승의 포효 찢던 어둠 속
두려움을 녹여 낸 따스한 빛의 방패
날것의 고통은 열기에 스러지고
인류의 지혜는 불빛 속에 떠오른다

불꽃을 둘러싼 무리들
바람과 짐승을 견디며 모여
돌칼 옆에서 등을 맞대고 잠든 밤
불의 온기는 가슴을 데운다

세월에 돌칼은 무뎌지고, 쇳덩이 빛을 품으니
땅은 배부르고, 돌무더기는 성벽이 되었다
이내 강철의 냉기는 땅 대신 목을 겨누어
철의 시대, 들판은 피로 덮인다

산업의 거친 폐는 증기를 토하고
탐욕의 기름으로 뛰는 심장은
속도에 중독된 채, 끝을 향해 달리니
황금빛 욕망 아래 핏빛 그림자 드리운다

문명은 꽃피우고 불빛은 어둠을 밀어냈건만
탐욕의 권력은 칼날 되어 춤추고
신념의 깃발 아래
인간은 다시, 이념의 창끝을 서로에게 겨눈다

두 번의 붉은 격랑, 모든 대륙을 삼켜
인류는 마침내 파괴의 정점을 찍으니
문명의 탑은 높이 솟았으나
그 탑 아래, 상처는 아물 날 없다

그리고 지금 다시 불은 타오른다

손이 닿지 않는 데이터의 섬광
스스로 타오르는 낯선 존재
진실과 허상
그 경계를 삼킨 새로운 지성

존재 자체로 혼돈의 불씨 되니
인간의 거울인가, 신의 장난인가
마지막 불꽃 그저 말없이 바라본다
축복인 듯 파멸인 듯…

5부

에필로그

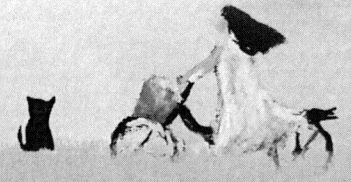

머묾에서 사유까지

1

몸이 아파 요양할 겸 여러 곳을 둘러보던 중, 지금의 집을 만났다.

거실 창밖으로 강이 흐르고, 산이 위치한 풍경이 아름다운 집이었다.

창밖 경치에 빠져 집을 구경한 당일날 망설임 없이 계약했는데, 나중에야 주방이 어디에 있는지도 모른 채 계약했다는 걸 알았다.

그런 식으로 머묾은 시작됐다.

집은 읍내 끝자락에 있어 장을 보려면 조금 걸어 나가야 하지만, 그 걸음조차 내 건강을 챙겨 준다 생각하니 불편함은 없다.

집 바로 앞에는 편의점도 있어 막걸리 한 병 사 들고 오기에도 적합하다.

창밖 강과 산은 철철이 다른 모습을 보여 주는데, 벚꽃이 흐드러진 길, 아침 강물 위로 피어오르는 안개, 눈 덮인 설경은 휴식을 원하는 내게 안성맞춤이다.
그래도 장마에 불어난 강은 집을 삼킬 것 같아 무섭기도 하다.

특별한 일이 없으면 집 앞 경치를 따라 산책을 한다.
각양의 꽃들도 구경하고, 여러 이유로 나온 이들의 모습을 마주하는 것이 내게는 큰 즐거움이다.
그렇게 걷다 보면 쓸데없는 생각도 들지 않으니, 일석이조다.
여기에 건강까지 생각하면 일석삼조도 된다.

욕심을 부려 수영까지 시작했는데 영 소질이 없나 보다.
아무리 발장구를 쳐도 앞으로 나아가지 못하고 제자리에만 머무는 모양새가 스스로도 꽤나 우스꽝스러웠다.
이제는 유체 이탈 순간의 고비를 넘어 꾸준히 하다

보니 살도 빠지고, 물속에서 나 하나 건사할 정도는 된다.

그럼에도 수영 선생은 여전히 나의 몸놀림을 구박한다.

2

어린 시절의 기억은 희미하다.

이사를 자주 다녀서 그런지, 아니면 즐거웠던 순간이 드물어서인지 확실치는 않다.

시골집과 냇가에서 아이들과 뛰놀던 흔한 시골 마을의 풍경 그리고 도시 단칸방 생활 속에서 방학마다 시골 할머니 댁에 가던 기억 정도만이 아련할 뿐이다.

중학교 시절은 단 한 명의 친구 이름도 떠오르지 않을 만큼 깨끗이 지워졌다.

수학 문제집 속 미적분 단원처럼 말끔하게.

때로는 텅 빈 기억의 단원에 다른 이의 낙서가 채워진 건 아닌가 싶은 생각도 든다.

고등학교도 그럴 뻔했지만, 졸업 즈음 만난 한 무리 친구들이 내 삶 전체를 통틀어 유일하게 남은 친구들이 되었다.

이제는 각자 사는 곳이 달라졌어도 서너 달에 한 번은 만나 안부를 묻고, 기분 좋게 맥주 한잔을 기울인다.

결혼은 이른 나이에 했다.

아이가 또래보다 일찍 생겼고, 처음엔 벅찬 순간도 있었다.

그래도 '아이는 일찍 낳아 키우는 게 최고'라는 어른들 말씀에 공감하며, 나 또한 다른 이들에게 그리 말하곤 했다.

체격은 왜소한 데다 동안이라 삼십 대엔 선술집에서 "그럼, 중학교 때 애를 낳았냐"는 농담도 들었다.

지금은 남매 모두 제 짝을 찾았고, 딸은 손주까지 낳아 그 허튼소리를 되듣게 만든다.

저 꼬물이는 언제 자라 내가 밀어 주는 자전거에 앉게 될까.

쉰다섯을 넘기니 고향과 가족의 소중함이 몸으로

밀려온다.

 하지만 어린 시절 고향은 개발로 간데없이 사라졌고, 할머니도, 부모님의 따뜻한 품도, 이제는 없다.

 위로는, 쓸쓸함만 남았다.

 한때 할머니의 고단한 삶이 한 편의 대하소설처럼 느껴져 글로 남겨 볼까 마음먹은 적도 있었다.

 그 마음이 이제 조금씩 움직이고 있는 걸까.

 잊힌 시간 속을 나는 다시금 더듬어 걷고 있다.

3

 요즘 사람들은 참 똑 부러진다.

 자기 말엔 힘이 있고, 생각을 표현하는 데도 주저함이 없다.

 때론 너무 날카롭게 다가와 놀랄 때도 있지만, 어쩌면 변한 건 젊은이가 아니라 나이 든 쪽인지도 모르겠다.

 고대에도 '요즘 젊은이들은 버릇이 없다'는 말이 있었다니, 늘 새로운 세대 앞에서 당황하는 쪽은 우리였는지도 모른다.

익숙한 틀이 흔들릴 때마다, 어느새 그 틀에 자신을 얹어 놓고 살아왔음을 뒤늦게 깨닫는다.

예전의 잡지엔 심심풀이 글이 많았다.
색깔로 감정을 맞춘다거나, 혈액형으로 성격을 나누는 식이었다.
지금 생각하면 그저 장난 같지만, 그 시절엔 친구를 기다리며 넘기기 딱 좋은 소일거리였다.
요즘엔 그런 틀이 훨씬 정교해졌다.
혈액형, 심리 유형.
사람은 몇 가지로 단순히 나뉠 수 없다는 걸 다 알면서도, 우리는 그런 분류 안에서 자신을 읽고, 타인을 가늠한다.
누군가가 마련해 놓은 이름표 아래에서 우리는 때때로 안도하며 무장 해제 된다.

그런데 언제부턴가, 그 틀은 소일거리가 아니라 정체성이 되고, 취향이 아니라 입장이 되었다.
그 위에 집단이 세워지고, 영향력이 붙는다.
겉모습은 이론화되고, 체계는 권위가 된다.
말은 이론처럼 번듯해지고, 취향은 주장이 된다.
그리고 취향과 다른 말에는, 반박이 아니라 공격이

붙는다.
 그렇게 정보는 넘치는데, 정작 대화는 사라져 간다.

 지식도, 감정도, 신념까지도 어느 순간 너무 많아졌다.
 무언가를 이해하기보다 먼저 정해진 입장에서 바라보는 일이 늘었다.
 어쩌면 우리는 과잉의 시대를 살아가는지 모른다.
 지나치게 부푼 풍선이 어디선가 터지기만을 기다리는 듯하다.

 나이 든 이들이 스스로의 모순을 슬며시 웃어넘기듯, 젊은이들도 가끔은 그 시선을 바깥이 아닌 안으로 돌려 볼 수 있지 않을까.

 시대는 바뀌고,
 세대는 줄어들고,
 모순은 늘어나고,
 의미는 흩어진다.

 그럼에도 우리는, 여전히 존재를 감당해야 한다.

4

  많은 산에는 절이 있어, 산을 오르면 산세뿐 아니라 불당과 산신각, 천천히 둘러볼 만한 것들이 있다.
  불교 신자는 아니지만 경내에 머물면 마음은 언제나 고요하다.
  한참을 거닐면 세속은 벗겨지고, 생각은 증발해 어느 순간 투명해진다.
  나한상이 있는 곳에서는 눈을 마주치는 이가 있다.
  그 눈을 오래 들여다보다 보면 문득, 내가 본 것이 아니라 누군가 나를 보고 있었다는 생각이 들기도 한다.
  요즘엔 그런 곳에서도 휴대 전화가 잘 터진다.
  속세와의 단절은 안테나 하나에 무너지고, 알림음이 종소리처럼 공간을 울린다.
  단절을 말할 수 없는 시대다.

  나는 천주교 신자다.
  여러 사연이 얽혀 세례를 받았지만, 신앙은 진심보다 습관에도 미치지 못한다.
  그럼에도 신부님, 수녀님, 수사님들과의 기억은 오랫동안 내 안에 남는다.

이야기를 나누고, 때로는 술 한잔 기울이며 세상일보다 사람 일을 더 많이 나눴다.

그러나 서당 개 삼 년에도 나는 여전히 짐짓 조용한 개다.

진주 목걸이를 찬 돼지고….

복음보다는 내 말에 기대어 살아간다.

학교는 건축을 전공하다 사회학 분야로 옮겨 오랜 세월 일해 왔다.

다시금 문화를 배우고자 했으나, 그마저 끝내지는 못했으니 용두사미라 해도 할 말은 없다.

돌아보면 내 삶은 많은 길을 스쳐 지나왔고, 각기 다른 풍경들이 내 말에 묻어 있다.

말끝에 견문을 얹어 보지만 나의 사유는 발목 언저리쯤 머물 뿐이다.

그보다 깊이, 나는 감당할 수 있을까.

성철 스님도 내 말을 믿지 말라고 했는데 내 말은 어디에 두어야 할까.

그럼에도 글을 쓴다.

그 이유는 과거의 부재에 대한 자기 연민.

돌이켜도 보이지 않는 빈자리에 후회를 남기지 않으려는 것이다.
지금의 이만큼 다시 자란 나에게 추억을 선물한다.

어떤 건 감춰야 남고, 어떤 건 드러내야 지워진다.
말은 그 경계에 머문다.
그리고 나는, 그 경계를 걷는 사람이다.

작가의 말

이 글들은 보잘것없는 경험을 모아 만든, 얕은 연못 같은 이야기들입니다.

다만 살아온 날들을 되짚으며 스스로에게 건넨 조용한 고백이기도 합니다.

어쩌면, 이 이야기들이 누군가 마음속에 잔잔한 울림 하나 남길 수 있다면, 그것으로 충분합니다.

돌아보면 이 모든 것은 삶을 다시 바라보게 해 준 많은 분들 덕분입니다.

고맙습니다.

부디 저의 작은 행복이 당신 하루의 끝 어딘가에 조용히 스며들기를 바랍니다.